Mes émotions

LA COLÈRE

Un livre de la collection
Les racines de Crabtree

AMY CULLIFORD

CRABTREE
Publishing Company
www.crabtreebooks.com

Soutien de l'école à la maison pour les parents, les gardiens et les enseignants

Ce livre aide les enfants à se développer grâce à la pratique de la lecture. Voici quelques exemples de questions pour aider le lecteur ou la lectrice à développer ses capacités de compréhension. Les suggestions de réponses sont indiquées en rouge.

Avant la lecture

- De quoi ce livre parle-t-il?
    - *Ce livre parle du sentiment de la colère.*
    - *Ce livre explique à quoi ressemble la colère ou ce que l'on ressent.*

- Qu'est-ce que je veux apprendre sur ce sujet?
    - *Je veux apprendre quoi faire quand je suis en colère.*
    - *Je veux apprendre à quoi ressemble le sentiment de la colère.*

Pendant la lecture

- Je me demande pourquoi...
    - *Je me demande pourquoi je crie quand je suis en colère.*
    - *Je me demande pourquoi je fronce les sourcils quand je suis en colère.*

- Qu'est-ce que j'ai appris jusqu'à présent?
    - *J'ai appris que la colère est une émotion.*
    - *J'ai appris que dessiner peut m'aider quand je suis en colère.*

Après la lecture

- Nomme quelques détails que tu as retenus.
    - *J'ai appris que c'est normal d'être en colère.*
    - *J'ai appris qu'il y a plusieurs façons de se calmer après avoir été en colère.*

- Lis le livre à nouveau et cherche les mots de vocabulaire.
    - *Je vois le mot **légumes** à la page 4 et le mot **crie** à la page 7. Les autres mots de vocabulaire se trouvent à la page 14.*

Qu'est-ce qui me met en **colère**?

Je suis en colère quand je mange des **légumes**.

Je **crie** quand je suis en colère.

Je suis en colère quand personne ne peut jouer avec moi.

Je **fronce** les sourcils
quand je suis en colère.

Que puis-je faire quand je suis en colère?

Je peux **dessiner**.

Je peux faire de
la **bicyclette**.

Liste de mots

Mots courants

faire	me	quand
je	moi	que
mange	peux	suis

La boîte à mots

bicyclette

colère

crie

dessiner

fronce

légume

59 mots

Qu'est-ce qui me met en **colère**?

Je suis en colère quand je mange des **légumes**.

Je **crie** quand je suis en colère.

Je suis en colère quand personne ne peut jouer avec moi.

Je **fronce** les sourcils quand je suis en colère.

Que puis-je faire quand je suis en colère?

Je peux **dessiner**.

Je peux faire de la **bicyclette**.

CRABTREE
Publishing Company

Autrice : Amy Culliford
Conception : Rhea Wallace
Développement de la série :
James Earley
Correctrice : Ellen Rodger
Conseils pédagogiques :
Marie Lemke M.Ed.
Traduction : Annie Evearts
Coordinatrice à l'impression :
Katherine Berti
Références photographiques :
Shutterstock : Juan Pablo Gonzaález : couverture; maxim ibragimov : p. 1; TY Lim : p. 3, 14; thevisualsyou need : p. 5, 14; wavebreakmedia : p. 6, 14; Olga Enger : p. 8-9, 14; Mandy Godbehear : p. 10; Julia Kuzhetsova : p. 11, 14; Spotmatik Ltd : p. 13, 14

Mes émotions

LA COLÈRE

Crabtree Publishing Company

www.crabtreebooks.com 1-800-387-7650

Publié aux États-Unis
Crabtree Publishing
347 Fifth Avenue
Suite 1402-145
New York, NY, 10016

Publié au Canada
Crabtree Publishing
616 Welland Ave.
St. Catharines, Ontario
L2M 5V6

Imprimé au Canada/062021/CPC

Catalogage avant publication de Bibliothèque et Archives Canada

Titre: La colère / Amy Culliford ; texte français d'Annie Evearts.
Autres titres: Angry. Français.
Noms: Culliford, Amy, 1992- auteur.
Description: Mention de collection: Mes émotions | Les racines de Crabtree | Traduction de : Angry. | Comprend un index.
Identifiants: Canadiana (livre imprimé) 20210272600 | Canadiana (livre numérique) 20210272619 | ISBN 9781039605275 (couverture souple) | ISBN 9781039605336 (HTML) | ISBN 9781039605398 (EPUB) | ISBN 9781039605459 (livre numérique avec narratio
Vedettes-matière: RVM: Colère chez l'enfant—Ouvrages pour la jeunesse. | RVM: Colère—Ouvrages pour la jeunesse. | RVMGF: Documents pour la jeunesse.
Classification: LCC BF723.A4 C8514 2022 | CDD j152.4/7—dc2